探索发现科普知识
系列丛书

# 探索绝迹物种

张　俊◎主编

团结出版社

**图书在版编目（CIP）数据**

探索绝迹物种 / 张俊主编 . -- 北京 : 团结出版社 ,2024.3

（探索发现科普知识系列丛书）

ISBN 978-7-5234-0862-9

Ⅰ . ①探… Ⅱ . ①张… Ⅲ . ①恐龙—青少年读物

Ⅳ . ① Q915.864-49

中国国家版本馆 CIP 数据核字 (2024) 第 055286 号

出　　版：团结出版社

　　　　　（北京市东城区东皇城根南街84号　　邮编：100006）

电　　话：（010）65228880　65244790

网　　址：http://www.tjpress.com

E-mail：zb65244790@vip.163.com

经　　销：全国新华书店

印　　装：三河市龙大印装有限公司

开　　本：170mm×240mm　　16开

印　　张：6

字　　数：70千字

版　　次：2024年3月第1版

印　　次：2024年3月第1次印刷

书　　号：978-7-5234-0862-9

定　　价：215.00元（全12册）

# 前言
## PREFACE

　　世间的一切生命在漫长的岁月中，有多少能坚持到今天？它们源于何地，又终于何时？生命个体的结束对于我们的世界不会有太大影响，可是一个种群的消亡那将是怎样一种状况呢？

　　世界因为参差而美丽，而每一物种的消失都让这种参差变成一种缺憾。人类正是出于对生命的敬畏，同时也是对自身生存环境的忧虑，开始思考那些曾经存在过的物种为什么会消失，这种消失对人类有什么伤害。

　　于是，从寒武纪到三叠纪再到今天，地球上所有曾经存在过的物种，人们都细细研究，为什么曾经的王者恐龙会瞬间消失？为什么水杉只生长在中国？在物种消失的过程中，有哪些是天灾，又有哪些是人祸？人类在找寻答案的过程中，又发现了很多秘密，这就是探寻未知世界所特有的乐趣。

# 目录
## CONTENTS

**part 1**　**人类不能孤单地存在**

**02**　物种灭绝的定义是什么？

**02**　你知道什么是局部灭绝吗？

**03**　"生态灭绝"是指什么？

**04**　进化史上有几次物种大灭绝？

**05**　奥陶纪大灭绝的原因是什么？

**06**　生物史上最严重的大灭绝事件是什么？

**07**　"恐龙时代前的黎明"指什么？

**08**　最著名的大灭绝事件是什么？

**09**　第六次大灭绝会出现吗？

**10**　地球上有多少物种濒临灭绝？

**11** 渡渡鸟会不会飞?

**12** 你知道候鸟必经的"千年鸟道"吗?

**13** 大颅榄树为何会差点灭绝?

**14** 物种灭绝会影响到人类健康吗?

## part 2　已灭绝的哺乳动物

**16** 巨猿是一种什么样的动物?

**16** 巨猿是吃素还是吃荤?

**17** 哪里发现的巨猿化石最多?

**19** 袋狮是一种什么样的动物?

**20** 袋狮是下口最狠的哺乳动物吗?

**21** 世界上最大的象科动物是什么?

**22** 猛犸象的御寒能力怎么样?

**23** 是气候变暖导致猛犸象灭绝的吗?

**24** 板齿犀是一种什么样的动物?

**25** 板齿犀有什么特点?

**26** 你知道波图格萨北山羊吗?

**27** 新疆虎是怎样灭绝的?

**28** 台湾岛上最大型的野生动物是什么?

**28** 台湾云豹为什么会灭绝?

**29** 你知道中国犀牛吗?

**30** 中国土生土长的野生犀牛已经灭绝了吗?

31  格陵兰岛唯一的大型食草动物是什么？

32  格陵兰驯鹿是如何灭绝的？

33  你知道巴德兰兹大角羊吗？

34  巴德兰兹大角羊是怎样灭绝的？

34  唯一一个已灭绝的鼬科动物是什么？

36  "梦幻之狼"是指哪种狼？

37  纽芬兰白狼是如何灭绝的？

38  体型最大的狼是什么狼？

39  基奈山狼是怎样灭绝的？

40  德克萨斯红狼是一种什么狼？

41  德克萨斯红狼是怎样灭绝的？

41  你知道体型像大老鼠的指猴吗？

42  野生指猴灭绝的原因是什么？

43  斑驴是马与斑马的亲戚吗？

44  斑驴是怎样灭绝的？

45  你知道尾端长刺的西非狮吗？

46  西非狮是如何灭绝的？

47  北非狮是地球上最大的狮子吗？

48  北非狮是因罗马人斗兽而灭绝的吗？

49  你知道纹兔袋鼠吗？

50  澳大利亚的纹兔袋鼠是怎样灭绝的？

51  你知道斑纹似虎的袋狼吗？

52  东袋狸是怎样灭绝的？

## part 3 　已灭绝的两栖爬行类

**54** 你知道头骨像斗笠的笠头螈吗？

**54** 笠头螈是如何灭绝的？

**55** 你知道"鳄鱼的远亲"陆鳄吗？

**57** 塞舌尔象龟是一种什么龟？

**58** 你听说过达尔文蛙吗？

**58** 金蟾蜍是一种什么样的动物？

**59** 金蟾蜍是如何灭绝的？

**60** 你知道闭壳龟吗？

**61** 闭壳龟是如何灭绝的？

**61** 你知道一生都在热带海域生活的僧海豹吗？

**62** 僧海豹是怎么灭绝的？

## part 4 　已灭绝的鸟类

**64** 最早及最原始的鸟是什么鸟？

**65** 象鸟是一种什么鸟？

**66** 象鸟灭绝的原因是什么？

**66** 大海雀是一种什么样禽类？

**67** 是人类导致了大海雀的灭绝吗？

**67** 你知道瓜达鲁贝美洲大鹰吗？

68　瓜达鲁贝美洲大鹰是怎样灭绝的？

68　你听说过旅鸽吗？

69　旅鸽是如何灭绝的？

70　什么是夏威夷暗鸫？

71　你知道夏威夷乌鸦吗？

71　夏威夷乌鸦已经野外灭绝了吗？

72　你知道乐园鹦鹉吗？

72　乐园鹦鹉是如何灭绝的？

73　尖嘴垂耳鸦有哪几个特点？

73　雌雄尖嘴垂耳鸦的喙有很大不同吗？

74　尖嘴垂耳鸦是如何灭绝的？

part 5　已经灭绝的水生生物

76　奇虾是寒武纪最庞大的动物吗？

76　奇虾灭绝的原因是什么？

77　奇虾爱吃软的东西吗？

78　三叶虫是一种什么样的生物？

79　三叶虫有什么特性？

80　三叶虫是怎样灭绝的？

80　巨齿鲨是一种软骨鱼类吗？

81　"海中巨无霸"巨齿鲨是怎样灭绝的？

82　你听说过史德拉海牛吗？

82　史德拉海牛灭绝的原因是什么？

83　你知道水中"熊猫"白鳍豚吗？

84　白鳍豚有什么特点呢？

85　白鳍豚是何时灭绝的？

86　日本海狮是一种怎样的海狮？

86　日本海狮是如何灭绝的？

# part 1

# 人类不能孤单地存在

## 物种灭绝的定义是什么?

地球上的任何角落都没有该种的成员存在时，就认定是灭绝，即绝种。一株植物枯萎，一只动物死亡，有时并不仅仅意味着单个生命有机体的消失，也许它就是整个本物种中最后的一个，它的死亡就是宣告了这个物种的灭绝。根据"世界自然保护联盟"(IUCN) 的物种等级标准：灭绝指在过去的 50 年中未在野外找到的物种，如渡渡鸟。

▶ 渡渡鸟

## 你知道什么是局部灭绝吗?

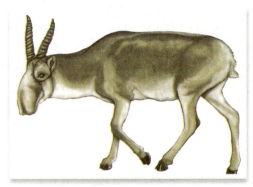

▶ 赛加羚羊

局部灭绝又称为地方灭绝，如"台湾云豹"1972 年灭绝，就属于局部灭绝。因为中国大陆及东南亚许多国家和地区仍有云豹，可台湾岛上的云豹却彻底没有了，这就算局部灭绝。例如中国犀牛、白臀叶猴、赛加羚羊都是指中国境内没有了，但作为一个物种，苏门犀牛在印尼、马来西亚仍然存在，白臀叶猴在老挝、越南还存在，赛加羚羊在哈萨克斯坦还有。

## "生态灭绝"是指什么？

由于一些野生动物数量太少，种群过小，遗传变异性丧失，被专家称为"活着的死物种"，它们不仅对生态环境影响甚微，而且连自身的存亡都成问题，例如屈指可数的华南虎，即便归山，对其他群落和成员的影响也是微不足道的，这种情形称"生态灭绝"。

物种灭绝并不总是匀速、逐渐进行的，经常会有大规模的集群灭绝，即生物大灭绝。整科、整目甚至整纲的生物可能在很短的时间内彻底消失或仅有极少数残存下来。在集群灭绝过程中，往往是整个分类单元中的所有物种，无论在生态系统中的地位如何，都逃不过这次劫难，而且还常常是很多不同的生物类群一起灭绝。

▶华南虎属于活着的"死物种"

## 进化史上有几次物种大灭绝？

▶ 彗星与地球之间的碰撞

通过对古老岩石的研究可以知道，地球上的物种至少经历了五次大消亡或者大灭绝。

第一次物种大灭绝——奥陶纪大灭绝，大约发生在 4.39 亿年前。由于全球气候变化，发生了大规模物种集群灭绝，约有 85% 的物种、近 100 个科的生物灭绝。

第二次物种大灭绝——泥盆纪大灭绝，大约发生在 3.67 亿年前。由于气候变冷、浅水中含氧量下降等原因，70% 物种消失，海洋中无脊椎动物遭到重创。

第三次生物大灭绝——二叠纪大灭绝，大约发生在 2.5 亿年前。由于气候变化或天体撞击，物种数减少 90% 以上。

第四次生物大灭绝——三叠纪裸子植物大灭绝，大约发生在 2.08 亿年前。起因不详，裸子植物大规模灭绝，导致恐龙崛起，生物灭绝程度相对较小。

第五次生物大灭绝——白垩纪恐龙大灭绝，大约发生在 6500 万年前。起因可能是因为小行星或者彗星坠落地球，导致长期以来统治地球的恐龙灭绝了。

## 奥陶纪大灭绝的原因是什么?

第一次物种大灭绝中,使近 85% 的物种灭亡,27% 的科与 57% 的属灭种。依据灭种的生物分类的属的数量,此次物种灭绝居五次大灭绝事件的第二位。

古生物学家认为这次物种灭绝是由全球气候变冷造成的。在大约 4.4 亿年前,现在的撒哈拉所在的陆地曾经位于南极,当陆地汇集在极点附近时,容易造成厚厚的积冰——奥陶纪正是这种情形。大片的冰川使洋流和大气环流变冷,整个地球的温度下降了,冰川锁住了水,海平面也降低了,全球冷化进入安第斯 - 撒哈拉冰河时期。原先丰富的沿海生物圈被破坏了,导致了 85% 的物种灭绝。

对于这次物种大灭绝的原因还有一种更被普遍接受的说法——恒星爆炸。持此观点的专家认为距离地球 6000 光年的一颗衰老恒星发生爆炸,释放出伽马射线。伽马射线击中了地球。在击中地球后,伽马射线摧毁了 30% 的臭氧层,导致紫外线长驱直入,浮游生物因此大量死亡,食物链的基础被摧毁,产生饥荒。同时被伽马射线打乱的空气分子重新组合成带有毒性的气体,这些气体遮挡了阳光中的热量,地球一时没有任何生机。

▶地球历史上冰川时代的遗迹

## 生物史上最严重的大灭绝事件是什么？

生物史上最严重的大灭绝事件是二叠纪大灭绝。二叠纪是古生代的最后一个纪，也是重要的成煤期，开始于距今约 2.95 亿年，延至 2.5 亿年，共经历了 4500 万年。二叠纪分为早二叠世、中二叠世和晚二叠世。

在距今约 2.5 亿年前的二叠纪末期，当时地球上约 96% 的物种灭绝，其中 90% 的海洋生物和 70% 的陆地脊椎动物灭绝。三叶虫、海蝎以及重要珊瑚类群全部消失，陆栖的单弓类群动物和许多爬行类群也灭绝了。这次的物种大灭绝使得占领海洋近 3 亿年的主要生物从此衰败并消失，让位于新生物种类，生态系统也获得了一次最彻底的更新，为恐龙类等爬行类动物的进化做好了环境准备，生物演化进程产生了十分重大的转折。

▶科学家们普遍认为二叠纪灭绝事件为恐龙等爬行动物的进化做了准备

▶三叶虫于二叠纪生物灭绝事件中消失，如今我们只能从其化石中一睹它们的风采了

## "恐龙时代前的黎明"指什么?

　　三叠纪是中生代的第一个纪,它位于二叠纪和侏罗纪之间。距今2.5亿年至2.03亿年开始,延续了约5000万年。三叠纪是古生代生物群消亡后现代生物群开始形成的过渡时期。这一时期的早期植物多为一些耐旱的类型,随着气候由半干热、干热向温湿转变,植物趋向繁茂,低丘缓坡则分布着和现代相似的常绿树,如松、苏铁等。这一时期,脊椎动物得到了进一步的发展。其中,槽齿类爬行动物出现,并由它发展出最早的恐龙。三叠纪晚期,蜥臀目和鸟臀目都已有不少种类,恐龙已经是种类繁多的一个类群了,在生态系统占据了重要地位。因此,三叠纪也被称为"恐龙时代前的黎明"。

　　在三叠纪晚期发生了第四次物种大灭绝事件,遭受重创的主要是裸子植物,盛产于古生代的主要植物群几乎全部灭绝。这次大灭绝没有明显的标志,气候没有十分显著的变化,至今原因成谜。

▶三叠纪时期就生长有与苏铁类似的常绿树木

## 最著名的大灭绝事件是什么?

在五次大灭绝中，白垩纪恐龙大灭绝事件最为著名，因长达14000万年之久的恐龙时代在此终结而闻名，海洋中的菊石类也一同消失。这次的生物灭绝被评为地球史上第二大生物大灭绝事件，75% ~ 80% 的物种灭绝。这次事件中处于霸主地位的恐龙及其同类相继灭绝，为哺乳动物及人类的最后登场提供了契机。

### 知识链接

**白垩纪**

白垩纪是中生代的最后一个纪，位于侏罗纪之上、新生界之下。距今1.37亿年开始，距今6500万年结束，其间经历了7000万年。无论是无机界还是有机界，在白垩纪都经历了重要变革。

白垩纪是中生代地球表面受淹没程度最大的时期，在此期间北半球广泛沉积了白垩层，1822年比利时学者J.B.J.奥马利达鲁瓦将其命名为白垩纪。这次灭绝事件中灭绝的物种主要是裸子植物、恐龙等爬行动物、菊石等。

▶ 工业经济的发展，往往造成环境的污染，这对其他物种的生存构成了威胁

## 第六次大灭绝会出现吗？

2011年3月，美国的一项研究称，如果人类不抓紧保护濒危动物、减少环境污染，地球将在未来数百年面临第六次大灭绝，届时地球表面75%的生命都将被摧毁，而再次重建则需要几百万年的时间。

前五次的物种灭绝，可以说是自然大灭绝，无论物种还是环境都在进行着自然选择。但现在，由于人类活动造成的影响，物种灭绝速度比自然状态下的灭绝速度快了1000倍，这是科学家通过比较哺乳动物远古和今日的灭绝速度计算出来的。在过去的500年中，大约5570种哺乳动物中有80种已经灭绝。而在以前，每100万年平均只有不到两种哺乳动物灭绝。科学家称，如果照现在的速度发展下去，第六次大灭绝可能在接下来的3～22个世纪来临。

中国科学院动物研究所首席研究员、中国濒危物种科学委员会常务副主任蒋志刚博士认为，若从自然保护生物学的角度来说，自工业革命开始，地球就已经进入了第六次物种大灭绝时期。

▶ 现今犀牛处于濒临灭绝的危险中

## 地球上有多少物种濒临灭绝?

　　2004 年 11 月, 世界自然保护同盟宣布, 在世界自然保护同盟的列表中, 有将近 1.6 万种动植物面临绝种, 其中约 3000 种动物是"极度濒危", "可能已灭绝"的有 200 多个。世界自然保护同盟首席科学家麦克·利利说: "我们每失去一种动植物, 就意味着破坏了进化了 35 亿年的生物链。"

　　根据世界自然保护联盟所发布的物种红色名录, 截至 2010 年共有 15589 个物种受到灭绝威胁。其中包括 12% 的鸟类、23% 的兽类、32% 的两栖类、25% 的裸子植物、52% 的苏铁类、42% 的龟鳖类、18% 的鲨鱼鳐类、27% 的东非淡水鱼。美国杜克大学著名生物学家斯图亚特·皮姆认为, 如果物种以这样的速度减少下去, 到 2050 年, 目前的 1/4 到一半的物种将会灭绝或濒临灭绝。事实上, 大型鸟类和哺乳动物已经处于灭绝的边缘。超过 200 千克的哺乳动物是最易灭绝的, 这些物种中的 80% 已被列为濒临危险或者刚刚消失。濒临危险的大型哺乳动物包括大猩猩、虎、海牛和犀牛等一些种类。鸟类的情况也类似，鸟越大则处于灭绝边缘的几率越大。世界自然保护同盟2012年公布的《濒危物种红色名录》表明，现在物种灭绝速度和恐龙大量灭绝时代的速度相近。

斯坦福大学的科学家用计算机模拟的方法对9787种现存鸟类和129种已灭绝鸟类作了分析，该分析模型包括鸟类分布、生活史、物种灭绝速度、现有的保护措施以及气候和环境变化等很多因素。科学家们得出的结论是，100年内10%的鸟类将消失。

## 渡渡鸟会不会飞？

▶渡渡鸟个大肉多，因此遭到人类的大肆捕杀

渡渡鸟是仅产于印度洋毛里求斯岛上的一种不会飞的鸟。这种鸟在被人类发现后仅仅200年的时间里，便由于人类的捕杀和人类活动的影响彻底绝灭，堪称是除恐龙之外最著名的已灭绝动物之一。

毛里求斯岛是印度洋上的偏远岛国，渡渡鸟17世纪晚期开始灭绝前在那里生活了数百万年。令人费解的是，它们被欧洲水手发现后只过了80年，就从地球上完全消失了。

渡渡鸟体型肥大，因此总是步履蹒跚。它还有一张大大的嘴巴，使它的样子显得有些丑陋。它不会飞，也跑不快，幸好岛上没有它们的天敌，温顺笨拙的它们安逸地在树林中建窝孵卵，繁殖后代。但随着欧洲人来到岛上，渡渡鸟的命运发生了改变并最终灭绝。

▶每年有部分候鸟要进行远程的洲际迁徙

## 你知道候鸟必经的"千年鸟道"吗?

　　曾拍摄过《迁徙的鸟》的法国著名纪录片导演雅克·贝汉说:"候鸟的迁徙,是一个关于承诺的故事。"每年全球会有数十亿只候鸟进行洲际迁徙,一入秋,大群落的候鸟从西伯利亚、内蒙古草原等地起飞,分东、中、西三路飞往南部地区越冬。8条迁徙路线中会有3条经过中国,而湖南、江西等地,成为南迁候鸟必经之地。桂东县和炎陵县交界的罗霄山山脉,每年谷雨和秋分时节,数以亿计的候鸟会集群经过,这里成了候鸟必经的"千年鸟道"。

▶ 自然物种之间都有密切的联系，大
颅榄树就依靠渡渡鸟来传播种子

## 大颅榄树为何会差点灭绝？

在毛里求斯岛有一种树叫大颅榄树，奇怪的是，自从渡渡鸟灭绝之后，这种树突然就像患了"不孕症"，一直不见增加。原来，到了20世纪80年代，毛里求斯岛上只剩下13株大颅榄树，这种名贵的树眼看也要从地球上消失了。

科学家经过研究发现，大颅榄树的危机与毛里求斯岛上一度生存过但已灭绝的鸟类——渡渡鸟有着密切的关系。他们在渡渡鸟的遗骸中发现了大颅榄树的果实，原来渡渡鸟喜欢吃大颅榄树的果实，种子外边的硬壳被消化掉了，排出体外才能够发芽。找到原因之后，科学家采用科学方法磨薄大颅榄树的果核，并成功地培育出大量树苗；或者让吐绶鸡来吃下大颅榄树的果实，以取代渡渡鸟。这种树木终于绝处逢生。

## 物种灭绝会影响到人类健康吗？

人类在地球上无法孤单地存在，看似不相干的物种的灭绝会影响到人类的健康，因为生态平衡的变化总是导致携带病毒的动物显著增加。研究表明，20世纪90年代印度的秃鹫数量减少了95%，致使野狗和老鼠迅速繁殖，导致印度狂犬病患者大量增加。

斯坦福大学的科研人员格雷琴·戴利举了另一个案例："莱姆病有类似流感的症状，可以损害神经中枢，而北美鸽的灭绝是美国莱姆病蔓延的罪魁祸首。"寄生在田鼠身上的壁虱是莱姆病的主要携带者。鸽子和田鼠的主要食物是橡树果，鸽子消失使田鼠食物异常丰富，数量激增，壁虱增加。可见，保持物种多样性对改善人类生存条件也大有益处。

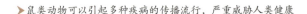

▶鼠类动物可以引起多种疾病的传播流行，严重威胁人类健康

part 2

# 已灭绝的哺乳动物

## 巨猿是一种什么样的动物？

现在我们已看不到巨猿了，它已彻底灭绝了。这是一种外形类似猩猩，生存于 100 万至 30 万年前的中国、印度及越南的猿，在时间框及地理位置上与几种人科相同。

▶ 巨猿的外形类似现在的猩猩

巨猿是高等化石灵长类中重要的种类，是已发现的现生和化石灵长类中最硕大的一类，它们很可能是世界上最大的猿，其平均重量估计超过 200 千克，而根据出土的化石记录显示，步氏巨猿站立时可高 3 米，且重达 545 千克。它们的形态特征介于猿类和人类之间。据一些科学家研究推断，巨猿有硕大而粗壮的头骨，巨大而强壮的躯干，有比现代人长而粗壮的肢骨，巨猿可能做一定程度的直立行走。

巨猿长有强壮犬牙和巨大的臼齿，并有厚厚的珐琅层，高高的齿冠和矮牙尖。

## 巨猿是吃素还是吃荤？

巨猿长有强壮犬牙和巨大的臼齿，并有厚厚的珐琅层、高高的齿冠和矮牙尖，可是它并不吃肉。根据对其牙齿的化学分析，可推测出巨猿是纯粹的素食者，最喜欢的食物是竹子，偶尔也吃些树叶和果实。据加拿大科学家一项最新研究显示，大约 100 多万年前，东南亚（包括中国境内的南方地区）的原始森林中曾生活着一种巨猿。

早期人类曾与这种庞然大物"比邻而居"，一起度过了几十万年。幸亏这种巨猿是素食者，否则人类恐怕早就成为它的盘中餐了。

▶ 巨猿

## 哪里发现的巨猿化石最多？

对巨猿的认识是来自于考古学家发现的巨猿的牙齿化石，迄今为止，世界上发现巨猿化石地点共八处。在中国境外只有两处：1967年在印度北部喜马恰尔邦的多无帕坦发现一个巨猿下颌骨，地层时代是上新世中期，其年代约在三百万年前；在越南平嘉一山洞发现一颗可能是巨猿的牙齿化石。中国境内有六处，除湖北建始高坪龙骨洞外，其余五处都在广西境内，即大新、柳城、武鸣、巴马、田东，可以说广西是巨猿的老家。在柳城发现的巨猿化石是最丰富的，堪称世界之冠。

## 知识链接

**巨猿灭绝之谜**

　　科学家们普遍认为，人类对巨猿的灭绝有不可推卸的责任。有些科学家认为，正是由于巨猿以竹子为主食，没有与人类相抗的利器，才使它们在与人类的进化竞争中失去了优势，甚至最后被逼走向灭绝。

▶每过几十年，竹子就有一次集体开花期，这给巨猿的生存造成了极大威胁

# 袋狮是一种什么样的动物？

提起有袋类动物，我们当然就会想到澳大利亚，而袋狮同样也曾生活在那里。袋狮所处的时代是上新世至更新世，是澳大利亚有袋类已绝种动物成员中最引人注目的一类。袋狮是澳大利亚最大的肉食性动物，而且是最大的肉食性有袋类。袋狮的最近亲是草食性的袋熊及树熊。这些特征综合起来估计它有可能会爬树，并会保存猎物的腐肉。袋狮肩高 75 厘米，长 1.5 米。它们平均重 101 ~ 130 千克，个别的可重达 124 ~ 160 千克。它们的体型差不多像雌狮及小型老虎。

▶ 澳大利亚是有袋类动物的故乡。图为袋鼠

## 袋狮是下口最狠的哺乳动物吗？

澳洲大陆的环境与南美洲和北美洲的环境相似，这些地方都曾是剑齿猫科动物的天堂。研究人员对袋狮的头骨进行了分析，并计算出了犬齿咬合产生的力量系数，据说一头100千克左右的袋狮，其咬噬力接近250千克重的现代非洲狮。

据科学家研究，袋狮可能在森林、林地、灌丛带及河谷等地进行猎食。在弱肉强食的生物圈，要想生存下去，就必须凶猛，而袋狮则很好地诠释了凶猛的含义。据科学研究它是哺乳动物中下口最狠、咬劲儿最强的。这些

▶ 在袋狮生活的年代，袋熊都沦为其猎物

生活在大约3万年前澳洲的食肉有袋动物袋狮，它的咬伤力几乎与体型相当于它们3倍的现代狮子相同。

## 世界上最大的象科动物是什么?

猛犸象曾经是世界上最大的象。它身高体壮,有粗壮的腿,脚生四趾,头特别大,在其嘴部长出一对弯曲的大门牙。一头成熟的猛犸,身长达 5 米,体高约 3 米,与亚洲象相近,门齿长 1.5 米左右,由于身体肥硕,因而体重可达 6 ~ 8 吨,个别雄性的体重可超过 12 吨。

它身上披着棕褐色的细密长毛,皮很厚,具有极厚的脂肪层,厚度可达 9 厘米。

猛犸象头骨比现代的象短而高,体被棕褐色长毛。从侧面看,它的背部是身体的最高点,从背部开始往后很陡地降下来,脖颈处有一个明显的凹陷,表皮长满了长毛,其形象如同一个驼背的老人。

▶ 猛犸象是一种威猛的长毛象

▶猛犸象模型

## 猛犸象的御寒能力怎么样？

猛犸象早在更新世时分布于欧洲、亚洲、北美洲的北部寒冷地区，尤其是冻原地带。由于它体毛长，有一层厚脂肪可隔寒，因此它具有极强的御寒能力。

猛犸象夏季以草类和豆类为食，冬季以灌木、树皮为食。根据对它们的近亲——现代象的研究，猛犸的怀孕期可能长达 22 个月，一胎只生育一个后代。他们的社会结构可能与非洲象或者亚洲象相似，雌性生活在由一个雌性首领领导的群体中，同时雄性单独生活或者在性成熟之后生活在松散的小群中。

▶气候变暖导致了环境的急剧变化，猛犸象的突然灭绝被视为冰川时代结束的标志

## 是气候变暖导致猛犸象灭绝的吗？

猛犸象在距今约 1 万年突然灭绝，这一事件被视作最近一个冰川时代结束的标志。对于猛犸象的灭绝，人们认为气候变暖是主要因素。科学家认为，气候变化使动物栖息环境发生重大变化，大型动物首当其冲受到影响，并导致其灭绝。

《冰河世纪》中憨态可掬的"曼尼"，带领着动物们逃离雪山崩塌、融化之地，一路向北。这种因气候变暖导致的雪山崩塌等现象不是编剧的凭空想象。据英国达勒姆大学科学家领导的一个研究小组对当时北半球气候和植被情况进行模拟研究后提出，在大约 1.14 万年以前，最近一个冰川时代结束、温暖的间冰期开始的时候，全球气候变暖导致许多地区的草原萎缩，森林面积扩大，猛犸象等一些大型食草动物的食物来源急剧减少，最终灭绝，并殃及食物链上的其他物种。

除了自然环境之外，一些科学家认为人类的猎杀在猛犸象的灭绝中也起着一定的作用。

　　猛犸象一直是洞穴壁画的主题，这是北半球被冰原覆盖40%时，人类捕杀这些大型动物的第一个证据。研究显示，1万年前猛犸象在全面解冻期完全灭绝，而人类的肆意捕杀或许是猛犸象灭绝的一个重要原因。人类与猛犸象同期进化，开始还能与其和平相处，但当进化到新人阶段时，人类学会了使用火攻和集体协同作战去捕杀成群的动物或大型动物，猛犸象就成了主要的狩猎对象。

## ▌板齿犀是一种什么样的动物？

▶根据对板齿犀化石的研究，其最明显的特征是鼻子上长长的粗壮的独角，这也是其与现代犀牛最明显的不同之处

　　板齿犀是古哺乳动物的一属，属犀科。它们体型巨大，是有史以来最大的有角犀牛，即使放到整个犀牛家族来说，它们也仅小于无角犀中的巨犀。作为高度特异化的一支犀类，板齿犀身体巨大，额骨上有单一的角，最长的可达2米。其肩高可达3米以上，体长可超过6米（一般大型个体5米左右），体重可达8吨以上（一般大型个体6吨左右）。

　　板齿犀生存于更新世的东欧（西欧有零星证据发现）及东亚、中亚、北亚等地。关于它的栖息地科学家之间还存在争议。

# 板齿犀有什么特点?

从化石研究来看，板齿犀是大型的长毛动物，前额有大角，但是却未曾发现角的化石。而基于它们四肢的特点，估计是生活在广阔的草原。此外，由于板齿犀没有犬齿及发展完好的外侧突，它们的头部会向外侧移动，可能是吃草的。另外它的齿列亦是高冠齿，表明其食物中有矿物颗粒，而这些颗粒往往都能在湿润泥土的植物中找得到。据此，一部分科学家认为它们生活在干冷草原地带，啃食硬草。

最大及最近期的物种是西伯利亚板齿犀，分布在更新世的俄罗斯南部、乌克兰及摩尔多瓦。它们于上新世晚期的中亚出现，其起源可能与中国犀有关。古板齿犀及裴氏板齿犀生活在上新世晚期至更新世早期的中国东部，估计于 160 万年前消失。

▶ 西伯利亚鸟瞰图

## 你知道波图格萨北山羊吗？

波图格萨北山羊又名葡萄牙羱羊，它们的大小及毛色与西班牙羱羊相近，倾向褐色而非黑斑。它们的角与其他伊比利亚半岛的亚种明显不同，只有普通西班牙羱羊角的一半长度及两倍宽度，底部两角较为接近。与其他北山羊一样，波图格萨北山羊也善于攀登和跳跃，蹄子极为坚实，能够自如地穿梭奔驰在险峻的乱石之间。

▶北山羊一般都生活在高寒的高海拔地带，且善于攀登、跳跃。图为阿尔卑斯野山羊

## 新疆虎是怎样灭绝的？

楼兰曾是"古丝绸之路"上重要的交通枢纽，同时也成了商业、文化交流中心，人口随之猛增。由于人口的增多，急需大量自然资源，这样森林成片被砍伐，草场被耕种，致使河流断流，土地沙漠化严重，繁华的古楼兰逐渐被沙漠吞噬。新疆虎也遭到了空前的劫难。没有了森林，它们就没有了家。大批新疆虎死去了，但仍有一小部分凭借着顽强的生命力在沙漠中仅有的绿洲里顽强地生活。直到1900年，斯文赫定发现了它们，这也是现代人第一次知道并认识了新疆虎。之后的十几年中，由于环境的进一步恶化，加之人类的猎杀，新疆虎最终走上了灭绝之路。据考证，人类最后一次发现新疆虎是在1916年，在这以后的数十年间，科学工作者曾多次寻找过它们的踪迹，但始终也没发现过。可以说，新疆虎主要是在人类破坏自然环境之后结束了它们的生命历程。

▶ 如今的楼兰只拥有荒凉

## 台湾岛上最大型的野生动物是什么？

台湾云豹，又名乌云豹、荷叶豹、龟纹豹，属于台湾特有亚种的猫科动物，也是台湾岛上最大型的野生动物之一。

台湾云豹身长 0.6 ～ 1.0 米，尾长 0.5 ～ 0.9 米，重量 16 ～ 23 千克。全身淡灰褐色，身体两侧约有 6 个云状的暗色斑纹，这也是它之所以叫云豹的原因。云豹身体两侧的深色的云纹正是很好的伪装，可以使它们在丛林里生活，不容易被人发现。云豹的四腿处斑点往下逐渐缩小，尾部上下均有斑点。清代《福建通志》描述台湾云豹为"色黄而间以黑色"。

▶ 台湾云豹为云豹的一个亚种。图为现存的云豹

## 台湾云豹为什么会灭绝？

台湾云豹在 1940 年以前尚有几千只。由于云豹的毛皮美观大方，毛质柔软并富有光泽，是制作皮衣的上等原料，于是当时欧美的一些

人非常喜欢用云豹的皮毛做皮衣。加之云豹的骨头可入药，因此在经济利益的驱使下，云豹被大量捕杀。此外，工业社会中人们对森林的大量砍伐，使云豹失去了家园，没有了食物，它们不是被饿死，就是因饥饿而食用了放有毒药的食物而死。

1972 年最后一个台湾云豹倒在了不法分子的枪口之下，从此，云豹便成为动物中的一个美丽过客了。

## ▌你知道中国犀牛吗?

中国犀牛是生长在中国的三种犀牛的种群统称，这三种犀牛分别是大独角犀（印度犀）、小独角犀（爪哇犀）和双角犀（苏门犀）。中国犀牛一般体长 2.1 ~ 2.8 米，高 1.1 ~ 1.5 米，重 1 吨左右。它有许多独特的外貌特征：异常粗笨的躯体，短柱般的四肢，庞大的头部，全身披以铠甲似的厚皮，吻部上面长有单角或双角，还有生于头两侧的一对小眼睛。

▶谁能想到，犀牛也曾经遍布大半个中国

# 中国土生土长的野生犀牛已经灭绝了吗？

作为大自然的一员，中国犀牛本该无忧无虑地永远生活在中国南部，可是它们头上的珍贵犀牛角成了它们灭绝的主要原因。自私的人们把犀牛角当成珍贵的药材，同时也将它与象牙一样用来雕刻制成各种精美的工艺品，人们还将犀牛的皮和血入药，在中国宋朝就有用犀牛角的记载。猎杀和栖息地的减少使得犀牛的数量也愈渐稀少，因此犀牛角就越发显得珍贵，人类对其猎杀就更加猖獗。在当时，官方最多时曾出动上千官兵，一次能捕几十头犀牛。1900 年到 1910 年的 10 年间，仅官方和民间进贡的犀牛角就有 300 多支！此后，犀牛就很少能捕到了！

尽管现今人们仍然可以从中国的动物园内目睹和观赏到犀牛，但是，原本土生土长在中国的野生犀牛，却永远一去不复返了。

▶犀牛角酒杯

## 格陵兰岛唯一的大型食草动物是什么？

　　格陵兰驯鹿是格陵兰岛上唯一的大型食草动物，它主要生活在格陵兰岛的西南部和东南部的高地苔原、成熟针叶林区、荒漠、灌丛和沼泽。格陵兰驯鹿是典型的草食性动物，以各种植物为食，吃草、树皮、嫩枝和幼树苗。

　　格陵兰驯鹿是世界上分布最靠北端的鹿科动物。格陵兰驯鹿毛色冬深夏浅，幼鹿有白色斑点。尾巴极短。腿细长，擅奔跑。格陵兰驯鹿雌雄都有鹿角。鹿角扁平，有点像麋鹿的角，长角分枝繁复，有时超过 30 杈，角的生长与脱落受脑下垂体和睾丸激素的影响。过了繁殖季节，角便自下面毛口处脱落，第二年又从额骨上面的 1 对梗节上面的毛口处生出。初长出的角叫茸，外面包着皮肤，有毛，有血管大量供血，分杈；随着角的长大，供血即逐渐减少，外皮遂干枯脱落。

▶格陵兰驯鹿与北美驯鹿一样，都属于草食性动物。图为打斗中的北美驯鹿

## 格陵兰驯鹿是如何灭绝的?

在格陵兰,驯鹿生活的地方居住着爱斯基摩人。由于气候寒冷,大部分爱斯基摩人从古至今一直是以渔猎来维持生活。19 世纪以前,格陵兰岛上驯鹿成群,除了北极熊偶尔能捕食到它,爱斯基摩人古老的狩猎方式并没有给它的种群带来影响。岛上的居民与各种野生动物都固守着自己的生活方式,自由地繁衍生息着。

1814 年格陵兰岛成了丹麦的殖民地,丹麦人到来后就开始用各种先进的猎杀工具大量猎杀各种野生动物,驯鹿和北极熊是他们猎杀的主要对象。到了 19 世纪后期,格陵兰驯鹿已经危在旦夕。1950 年,是人类在格陵兰岛上发现驯鹿的最后一年。

▶ 世界最大岛格陵兰岛上的风光

# 你知道巴德兰兹大角羊吗?

巴德兰兹大角羊虽然体形较大，却可以非常敏捷地在陡峭的山上行动，甚至攀登悬崖。其最显著的体态特征莫过于头上巨大的犄角。犄角粗大弯曲，两个犄角正好将大角羊的头部围在其中，成为大角羊的有力武器。

巴德兰兹大角羊从落基山脉缓缓迁移，最后到达美国南、北达科他州岩石裸露的荒山巴德兰兹。巴德兰兹大角羊与其他大角羊一样以草和灌木为食，善于攀爬陡峭的山岩，这样它们可以躲避天敌的追踪。大角羊的天敌主要包括郊狼、雕、美洲狮。

巴德兰兹大角羊与落基山脉的大角羊一样，长着巨大犄角的公羊处于优越地位，独占所有的母羊。

▶巴德兰兹大角羊与现在的大角羊一样拥有一对大大的羊角

## 巴德兰兹大角羊是怎样灭绝的?

巴德兰兹大角羊那巨大的犄角是北美人的最爱,他们喜欢用这犄角作为室内装饰,人人都希望得到它。巨大的犄角对于大角羊来说是福亦是祸。

当地土著人常常在头上戴着大角羊的犄角冒充公羊以接近和捕捉大角羊。随着大量移民的到来,猎枪和家畜夺取了它们的生存地。到了 1880 年,移民终于扫荡了巴德兰兹大角羊的生存之地,使其无处

▶ 大角羊

可逃。当巴德兰兹大角羊濒临灭绝之时,人们才开始设想在动物园内繁殖大角羊,使其不致全部灭绝。人类的保护来得太晚了,在美国南达科他州直到 1920 年还可以见到巴德兰兹大角羊的足迹,但 1925 年之后人类再也没有见到过它们的身影。

## 唯一一个已灭绝的鼬科动物是什么?

缅因州海鼬仅生活在美国缅因州的海岸一带,它是鼬科中唯一生活在海里的动物,是唯一一个已灭绝的鼬科动物。它的体长一般为 0.30 ~ 0.53 米,尾巴粗壮,长 0.20 ~ 0.25 米,体重 2 千克左右。它的皮毛厚密黑亮,前足短小,后足有蹼,呈扁平状。

缅因州海鼬白天成群生活在一起,很少到深海中去,夜间就在

岸边休息，也很少到离岸边很远的陆地上去。海里的各种鱼类、贝类都是它们的食物，偶尔它们也会吃些海草。由于四肢短小，它们在陆地上行动笨拙，只有在海里，它们才身体灵活、行动敏捷，只要是被它们发现的鱼类都很难逃脱。

每年的 3～4 月是缅因州海鼬的繁殖季节，孕期 50 天，每胎仅产 1 仔。由于幼崽出生之际缅因州还很寒冷，因此幼仔出生后的 1 个月内都被母海鼬紧紧抱在怀中，这段时间雄海鼬会给母海鼬寻找食物。

▶缅因州海鼬是鼬科中唯一生活在海里的一种。图为陆地上的野鼬

## "梦幻之狼"是指哪种狼?

纽芬兰白狼又称北美白狼，它们生活在人烟稀少的纽芬兰岛的荒山上。这是一种体大、头长的狼种，全身为白色，只有头和脚呈浅象牙色。纽芬兰白狼长达 2 米，重逾 70 千克，可以称之为"巨狼"。纽芬兰白狼总是成双成对厮守，终生相亲相爱。

有人把纽芬兰白狼美丽的白毛和柔美的身段加以诗意的想象，称它为"梦幻之狼"，不过在大雪中白色无疑是最完美的保护色。它们晚上觅食，一次可远行 200 千米。纽芬兰白狼和北半球的狼一样成群结队，公狼和母狼成双成对。他们常常多个家族在一起生活。春夏之季是它们的繁殖季节，它们把生儿育女的洞穴挖在荒山的裂缝下面。

纽芬兰白狼原生活在加拿大土著人贝尔托克人的领地内，它们与贝尔托克人和谐相处，千百年来互不敌视、互不干预，因此，纽芬兰白狼又被人称为"贝尔托克狼"。随着欧洲白人的到来，纽芬兰白狼平静的生活被打破了。

▶纽芬兰白狼与现今的北极狼一样全身为白色。图为北极狼

# 纽芬兰白狼是如何灭绝的？

　　纽芬兰白狼生活在加拿大土著人贝尔托克的领地内。在欧洲人征服新大陆的过程中，纽芬兰白狼从天然的居民变成了"贪婪的魔鬼"。英国政府曾悬赏贝尔托克的人头，1800 年，英国用"现代文明"的枪炮征服了纽芬兰，消灭了贝尔托克人，继而开始对纽芬兰白狼下毒手，因为纽芬兰白狼总是袭击他们的家畜。

　　1842 年，英国以保护驯鹿不受狼威胁为由，下令悬赏捕杀和毒杀纽芬兰白狼，公狼、母狼、大狼、小狼一律格杀勿论。纽芬兰白狼聪明坚韧，昼伏夜出，而且茫茫冰雪完全掩盖了它们的行踪，猎杀颇为不易。于是英国人开始用毒药注射在纽芬兰白狼喜爱的食物上，以此毒杀纽芬兰白狼。人们在鹿的尸体中注入马荀子碱，放

▶狼族们大多生活于高寒地带，或许在这些人迹罕至的雪原上，它们才有安全感吧

在纽芬兰白狼可能经过的地方，这样无论是公狼、母狼还是狼仔都无法逃脱厄运。这种投毒方式不仅害死了纽芬兰白狼，别的野生动物往往也不能幸免于难。不久，纽芬兰白狼遭到毁灭性打击。

1911年，世界上最后一只活生生的纽芬兰白狼被枪杀，它们成为北美洲许多灰狼亚种中第一个灭绝的亚种。20世纪初北美地区还有20种狼，现在只剩下7种了。

## 体型最大的狼是什么狼？

基奈山狼是生活在高寒地区的大体型狼，它曾是所有狼和犬科动物中体型最大的动物，全长2.0～2.2米，肩高0.9～1.1米，体重70～105千克。比现存最大的犬科动物北极狼还要重10千克。

基奈山狼全身毛色主要为灰色，稍带些白色和黑色。体型匀称，四肢修长。它面部长，鼻端突出，耳尖且直立，嗅觉灵敏，听觉发达。毛粗而长，一般不具花纹。前足4～5趾，后足一般4趾；爪粗而钝，不能伸缩或略能伸缩。尾多毛，较发达。善于快速及长距离奔跑，多喜群居。

在寒冷的天气中，狼可以减少血流接近皮肤，以保存体温。脚掌垫保暖的调节独立于身体其他部分，当掌垫接触冰雪时，可以维持在略高于组织冻伤的温度。

## 基奈山狼是怎样灭绝的？

由于基奈半岛地域比较狭小，因此基奈山狼在没有被人类大规模捕杀前，数量也十分有限，最多时也只有 2 万多只。16 世纪后期，由于英国人来到了基奈半岛，他们到来后没有因基奈山狼数量稀少而放过它们，而是将其视为邪恶的象征并进行大量捕杀。根据估算，从 1590 年至 1900 年，被人类捕杀的基奈山狼达 3 万余只。基奈山狼的数量逐年减少，到 20 世纪初期时，基奈山狼仅仅只剩下不足 40 只。到了 1915 年，基奈山狼变得很稀少，1925 年被认为完全灭绝。

▶这是生活在加拿大班芙国家公园内的黑色大灰狼，佛罗里达黑狼比其毛色更黑

## 德克萨斯红狼是一种什么狼?

红狼的耳朵较其他种类的狼耳朵要大些。

德克萨斯红狼生活在墨西哥沿岸,但不能确定它们的足迹究竟向内深入到哪里。野兔、海狸鼠、田鼠、鱼等一些可以捕获的东西都是德克萨斯红狼的食物,偶尔它们也吃一些昆虫和浆果。

德克萨斯红狼的隐蔽性很强,通常在夜晚出来捕猎。因为要与灰熊、美洲虎等竞争猎食,德克萨斯红狼的捕猎就显得非常困难。每年的 2 ~ 3 月是它们的发情交配期,孕期为 60 ~ 63 天或更长一段时间,一胎平均产仔 5 个。幼仔 3 ~ 6 个月断奶,然后就跟随它们的母亲学习捕猎技巧和野外生存的本领,一直到它们可以离窝独自谋生。

▶野兔、田鼠等一切可以捕获的东西都是德克萨斯红狼的食物

## 德克萨斯红狼是怎样灭绝的?

为了发展农业，美国的农场主大量开荒造地，甚至大片的森林也被开垦出来，当地生态环境在很短的时间内遭到了极大的破坏，德克萨斯红狼栖息地急剧减少。同时，畜牧业的发展使得德克萨斯红狼成了美国农场主的死敌，红狼不断被猎杀。由于数量锐减，德克萨斯红

▶红狼

狼在找不到同类的情况下，开始与其他种类的狼杂交，从而引起了种群性消退。1970年，最后一只纯种的德克萨斯红狼去世，德克萨斯红狼从此灭绝。

## 你知道体型像大老鼠的指猴吗?

指猴因指和趾长（中指特长）而得名。其体型像大老鼠，体长36～44厘米，尾比体长，为50～60厘米，体重2千克。

指猴头大，嘴圆而钝，耳朵非常大，膜质；除大拇指和大脚趾是扁甲外，其他指、趾都有尖爪；牙齿结构与鼠相似。

它身体纤细，四肢短小，腿比臂长。体毛粗长，深褐至黑色，脸和腹部毛基白色。尾毛蓬松，毛长达 10 厘米，黑或灰色形似扫帚。其跳动时与袋鼠极为相似。

## 野生指猴灭绝的原因是什么？

由于指猴的叫声凄厉，如同哭声一样，在夜晚令人毛骨悚然，还有指猴体黑面灰，黄色的眼珠在夜色中发生神秘的幽光，行动时一跳一跳如同鬼怪，对人又有一定的好奇心。当地人认为如果指猴跳到自己的身上，便预兆死亡，因此，指猴被认为是不祥之物，遭到人类的捕杀。

▶指猴长长的手指很是特别。在夜晚它们的眼睛能发出神秘的幽光

▶斑驴实际上是草原斑马的亚种，前半身像斑马，而后半身没有条纹，呈灰黑色

## 斑驴是马与斑马的亲戚吗？

　　斑驴，又叫半身斑马、拟斑马、半身马，它前半身像斑马，后半身像马，生活在南部非洲。斑驴实际上是草原斑马的亚种，它的身体后半部为黑色，而腹部和四肢却为白色。

　　这种动物已在100年前灭绝。斑驴身上的条纹不像斑马那样遍布全身，只是头到身体的前半部有条纹，并且脖颈上的条纹延伸到它短而立直的棕毛上。斑驴脖子长，头也长，而耳朵却非常短小。斑驴的眼在脑颅的后方，这使它视野开阔，白天的视觉非常敏锐，夜晚也可和狗、猫头鹰的视觉相媲美。斑驴一般体长2.7米，尾巴近1米，重约410千克。

## 斑驴是怎样灭绝的？

斑驴由于肉质鲜美，且出肉量高，因此一直是非洲人主要猎食的对象，但原始狩猎方法并没有给斑驴群体以致命打击。

19世纪初期，欧洲人的到来才给斑驴的生存带来了威胁。欧洲人并不像当地人那样喜食斑驴肉，而是看中了斑驴亮丽的皮毛。他们大量猎杀斑驴，剥下皮做成标本运回欧洲市场出售，当时欧洲人看到如此美丽的动物都备感兴趣，于是许多人收购斑驴标本，一时斑驴标本价格昂贵。由于利益的驱使，也使更多的人来到非洲猎杀斑驴，使斑驴数量进一步大量减少。

▶人类在利益的驱使下开始了对斑驴的猎杀

到了19世纪70年代，斑驴已经所剩无几了，这时欧洲人就捕捉活斑驴运往欧洲，试图人工饲养繁殖。到了1880年，人们再也捕捉不到野生的斑驴了，而运到欧洲的活斑驴因不适应当地的生存环境一个接一个地死去了。世界上最后一头斑驴是饲养在荷兰的阿姆斯特丹动物园的一头雌驴，它孤苦伶仃地活到1883年，便无可挽回地走向了灭绝。从此，地球上再也没有斑驴的踪迹了。

## 你知道尾端长刺的西非狮吗?

　　西非狮同现在非洲狮一样，体重 120 ~ 250 千克，体长 1.4 ~ 1.92 米。区别于其他猫科动物的是，西非狮雄狮有明显的鬃毛。

　　西非狮体型大，躯体均匀，四肢中长，趾行性。头大而圆，吻部较短，视、听、嗅觉均很发达。犬齿及裂齿极发达；上裂齿具 3 齿尖，下裂齿具 2 齿尖；臼齿较退化。西非狮皮毛柔软，常具显著花纹。前足 5 趾，后足 4 趾；爪锋利，可伸缩（猎豹属爪不能完全缩回）。尾较发达，尾端有角质刺，这也是其区别于其他狮类的显著特征。

▶西非狮与其他狮子一样，雄狮有明显的鬃毛

## 西非狮是如何灭绝的？

　　狮子在动物界中一直被视为百兽之王，可是人类并没有把它们放在眼里。早在 16 世纪，欧洲人就踏上了西非和北非。到那里后，他们经常进行狩猎活动，并把猎杀狮子视为最隆重的狩猎活动，是显示勇敢和技巧的行为。狮子在这些人的贪婪与胜利的欢笑声中一个个地倒下去。人类不但猎杀成年的狮子，幼狮也被捕捉，然后带回欧洲，卖给那些有钱人及王公贵族。随着欧洲人的不断猎杀、捕捉，狮子在西非、北非一天天地减少，到了 1865 年，最后一个西非狮也倒在了枪口之下，西非狮从此灭绝。

　　▶　贪婪的人类曾一度将西非狮当作狩猎和取乐的工具，现在的人类还通过驯化狮子显示自己的"智慧"

## 北非狮是地球上最大的狮子吗？

北非狮又叫巴巴里狮，曾是地球上最大的狮子，也是唯一产于非洲北部的狮子。它们是狮子中的知名亚种和最早被欧洲人所认知的狮子，也是北非食肉动物的三巨头之一。北非狮具有和其他狮子显著不同的特征。它们的头骨要比其他狮子亚种粗壮厚实，眶后间距特别狭窄。北非狮的生活习性同老虎类似，倾向于独居，不如其他亚种的狮子那样喜欢结群活动。其食物以草原哺乳类动物为主。

北非狮身体全长 3 米左右，比现在生活在地球上的狮子要长40 厘米左右。体重 230 千克，曾经是地球上体型最大的狮子之一。其毛色发灰，皮毛长而蓬乱。雄狮的鬃毛遍及头颈，蔓延到后背和腹部。鬃毛颜色随生长部位不同而变化，从头颈开始，越向后颜色越深。雌狮和幼狮的颈部、前腿后侧、腹部也长有长毛。从外观上看，北非狮比现在的狮子更具王者风范。

▶北非狮比现在的狮子要长 40 厘米左右

▶罗马斗兽场不仅仅是角斗士们的纪念场所，而且还是来自非洲的狮子们的纪念地

## 北非狮是因罗马人斗兽而灭绝的吗?

在罗马帝国时代，北非狮被大量抓到古罗马斗兽场去当作斗兽之用，用来满足罗马人的杀戮和争斗欲望。在罗马帝国灭亡后，它们的数量大大地减少了。此后，随着人类对北非自然环境的破坏，它们的栖息地日益缩小；同时对人类构成"威胁"也越来越大，因而始终受到人类的打压和捕杀。到了 20 世纪初，除了摩洛哥境内寒冷的阿特拉斯山区残存着一个北非狮种群外，其余的都已灭绝。即使在那种人烟稀少的地方，它们也只是得到了片刻的喘息。到了 20 世纪 20 年代末，这一小片避难所也没有躲过人们的枪口，1922 年最后一只野生的北非狮被人类射杀，北非狮从此销声匿迹了，人类只能从图画或有限的影像中来欣赏它那王者风范了。

## 你知道纹兔袋鼠吗？

纹兔袋鼠体长 0.4 ~ 0.46 米，尾长 0.35 米左右，体重 2 ~ 3 千克。它的体毛较长，浓密且柔软，体色呈浅灰，并因带有黑色的条纹而著名。

它们的吻短。毛长，呈灰色，有黄色及银色斑点。下身呈浅灰色，面部及头部颜色一致，都是呈灰色。背部中央有深色的横纹，一直伸延到尾巴末端。

▶ 袋鼠具有较强的攻击性，纹兔袋鼠也是如此

## 澳大利亚的纹兔袋鼠是怎样灭绝的?

自从欧洲移民踏上澳大利亚大陆后，纹兔袋鼠的生活就受到了干扰。因为欧洲移民不但带来了家畜，还带来了狐狸。家畜夺走了纹兔袋鼠的食物，狐狸则夺走了纹兔袋鼠的性命。在家畜和狐狸的夹击下，纹兔袋鼠迅速地走上了灭亡之路。1906 年，澳大利亚大陆的纹兔袋鼠灭绝。现今只有伯尼尔和多雷尔群岛有部分残存。

▶ 平坦辽阔、地广人稀的澳洲大草原

## 你知道斑纹似虎的袋狼吗？

袋狼因其身上斑纹似虎，又名塔斯马尼亚虎。袋狼属于有袋类，和袋鼠一样，母体有育儿袋，产不成熟的幼仔。

袋狼体型苗条，脸似狐狸，嘴巴可以张到 180°，经常潜伏树上，突然跳到猎物背上，一口可以将猎物的颈咬断。体色呈灰色或棕褐色，背、腰、臀部有 15 ~ 16 条黑褐色横纹，它的骨骼比较纤细，肌肉爆发力不大，而能够大张的口腔骨骼构造，则显示其咬合力较弱。腹部有向后开口的育儿袋，袋内有 2 对乳头。尾巴细而长。

▶ 育儿袋是有袋类动物的共同特征

## 东袋狸是怎样灭绝的？

　　东袋狸曾经是澳大利亚数量最多的袋狸之一，但因为它们寻找食物时往往会毁坏农田和花园，因此长期以来遭到人类的捕杀。人们不但用夹子捕杀它们，还在食物中拌进毒药投放到它们生活的地方，致使大量东袋狸被毒死。随着人类大量砍伐雨林和垦荒种田，东袋狸的栖息地越来越小，为了生存它们需要"越界"到人类的田地中觅食，被人类捕杀的几率更大了。20 世纪，东袋狸的数量骤减，但人类的捕杀却未停止。到 1940 年，东袋狸全部灭绝。

▶ 东袋狸

# part 3

## 已灭绝的两栖爬行类

## 你知道头骨像斗笠的笠头螈吗？

笠头螈是生活在二叠纪中的两栖动物。它长得像个大蜥蜴，身体细扁，长约60厘米。头部像三角箭头向左右支出，头骨前部长有两颗小眼睛，两侧还长有尖状凸起物，形状十分奇怪。因整个头骨的形状像一顶斗笠，因而被命名为"笠头螈"。科学家们认为这个与众不同的头部也许起了保护作用，让想吃它们的食肉动物难以下咽，又或者是在水中是充当了"水翼"的角色。它有长尾便于游水。它四肢软弱，各有五趾，经常在泥岸上瞌睡。

▶笠头螈

## 笠头螈是如何灭绝的？

笠头螈大约生活于2.7亿年前的二叠纪，栖息地是如今的美国德克萨斯州。与现今大多数两栖动物一样，笠头螈生活在水中或水域的周围，多数以昆虫和鱼为主食。根据笠头螈生活的年代推算，它可能就是在第三次物种大灭绝事件中灭绝的。灭绝原因就是气候变化或者天体撞击而造成的自然环境的恶化。

▶与现代蝾螈相比，笠头螈身体扁长，其类似斗笠的三角形头部是它最明显的标志。图为北方春蝾螈

## 你知道"鳄鱼的远亲"陆鳄吗？

陆鳄，意为"陆地鳄鱼"，古鳄类，是一种已经灭绝的鳄形超目动物，身长约50厘米。化石发现于威尔士，生存年代为三叠纪晚期。

陆鳄最早出现在三叠纪，是最早的鳄鱼。和现代鳄鱼相比，陆鳄生活在陆地上的时间较多，所以被称为陆鳄。陆鳄的体长大约为50厘米，体重约20千克。腿较长，并且能快速地奔跑。它的上下颌都很长。陆鳄是一种小型、细长、拥有长腿、类似蜥蜴的动物，外表不像现代鳄鱼，是鳄鱼的远亲。陆鳄可以非常快的速度移动，偶尔以后肢站起，但在正常状态下仍是以四足方式行走。陆鳄的四肢形状、姿势，显示它们可以快速奔跑。它们有非常长的尾巴，相当于头部到身体的两倍。当陆鳄以后肢快速奔跑时，尾巴可能具有平衡重心的功能。

古鳄类生活环境为水陆两栖。陆鳄的四肢直立于身体之下，显示最原始鳄形类，是善奔跑动物。现代鳄鱼偶尔可高速奔跑，两个前肢、两个后肢做出前后摆动的动作，以达到迅速移动的目的。化石显示陆鳄是趾行动物，以脚趾支撑重量行走。某些古生物学家提出，陆鳄可能是跳鳄的未成年体。

▶ 与现代鳄鱼相比，陆鳄生活在陆地上的时间较长

# 塞舌尔象龟是一种什么龟?

塞舌尔象龟也叫马里恩象龟。实际上,马里恩是一只象龟的名字,但是当它被命名马里恩这个名字的时候,它的伙伴们都已经灭绝了,只剩下它一个作为代表。

塞舌尔象龟是象龟中体型较大的一种,体重大约有 270 千克,身长也有 1.2 米。它的头部呈淡黄色,顶部有排列对称的大鳞;背甲隆起,似大象背状,背上盾片中央有大黑斑块;腹甲前缘较厚,后部缺刻较深;四肢呈圆柱形,趾指间无蹼。

塞舌尔象龟是草食动物,耐热性强,怕低温。白天它们都各自寻找食物,只有晚上才聚集在一起。象龟的寿命很长,可算是动物中寿命最长的。1737 年,科学家们在印度洋的一个岛上捕获了一只 100 岁的象龟。这只龟被送到英国,在一个动物园又活了很长的时间,20 世纪 20 年代还生活在那里。

塞舌尔群岛以前曾是象龟的领地,后来由于法国、葡萄牙、荷兰和美国殖民者的大规模捕杀,塞舌尔象龟在 19 世纪初期灭绝。目前,塞舌尔除阿尔达布拉岛上还生活着亚达伯拉象龟之外,其他岛上的象龟均濒临灭绝。

▶塞舌尔岛上如今已没有了塞舌尔象龟的身影。图为塞舌尔岛上的乌龟

## 你听说过达尔文蛙吗?

达尔文蛙为达尔文蛙科的代表,本科仅1属2种,产于阿根廷、智利。由于被达尔文在航行世界途中发现,故以此命名。达尔文蛙又名豹蛙,是小型的陆栖蛙类,属无尾目,身长只有3厘米。灰色、绿色或褐色,纵长的背脊颜色略淡。背部有深色斑点,斑点边缘颜色稍淡。叫声由喉部发出的鼾

▶ 智利达尔文蛙比普通青蛙体型略小,其色彩除去褐色还有绿色等较为鲜艳的颜色。图为普通青蛙

声和呼噜声组成。有记载的观测记录是:1978年有人发现智利达尔文蛙的活动迹象,此后再没有观测到它的踪迹,很可能这种外形奇特的青蛙现已灭绝。灭绝原因尚不明确。

## 金蟾蜍是一种什么样的动物?

金蟾蜍,又称环眼蟾蜍,是美洲蟾蜍的一种,其雄性个体全身呈金黄色,因此被称作金蟾蜍。成年雄金蟾蜍体长3.9 ~ 4.8厘米,皮肤光泽明亮,与普通蟾蜍有很大不同。雌金蟾蜍个头略大,体长4.2 ~ 5.6厘米,外形与雄金蟾蜍有很大不同,皮肤为黑底伴有深红色大型斑块并镶有黄边。

金蟾蜍主要生活在地下,仅在交配季节现身到雨林中。这种蟾蜍曾大量存在于哥斯达黎加蒙特维多云雾森林中一片狭小的热带雨林地带。

金蟾蜍干燥季节过后进行交配，一般在降水量略有升高的 4 月份进行，会持续数周的时间。此时，雄蟾蜍会大量聚集在地面的水洼中，等待雌蟾蜍的到来；雄蟾蜍会相互争斗以获得交配的机会，直到交配季节的结束。此后，雄蟾蜍会重新隐藏到地下，雌蟾蜍会将卵产在季节性的水洼中，每次产卵平均 228 只。两个月后，卵会自动孵化成为蝌蚪。

▶金蟾蜍会在交配季节现身哥斯达黎加的一小片热带雨林地带

## 金蟾蜍是如何灭绝的？

在 1987 年，仍有正常数量的金蟾蜍在野外繁殖生长，然而到了 1988 年，在其栖息地只能找到两只雌性金蟾蜍和 8 只雄性金蟾蜍。1989 年，只发现过一只雄性金蟾蜍，这是金蟾蜍物种的最后记录。此后人们的大规模搜寻工作都无功而返。相关研究认为，造成金蟾蜍绝灭的主要原因为全球变暖和环境污染。

## 你知道闭壳龟吗?

闭壳龟类是龟类动物中的特化类群。它们的腹甲中部以韧带相连，似铰链，能活动，死亡后，韧带断裂，腹甲变成两段，所以，民间又将闭壳龟称为"断板龟"。

云南闭壳龟壳长14厘米左右。头背皮肤光滑，背甲较低，具三棱，脊棱强。腹甲大，前缘圆，后缘凹入。与其他闭壳龟类一样，云南闭壳龟背腹甲以韧带相连，胸、腹盾间亦具韧带，因此腹甲的前后两叶能向上完全关闭甲壳，头、四肢和尾均可缩入壳中。四肢较扁，指、趾间全蹼。头橄榄色，头侧有黄线纹，咽及颏部有黄色对称的斑纹。背棕橄榄色或奶栗壳色，边缘及棱有时为黄白色。腹棕色或浅黄橄榄色，边缘黄白色，鳞缝暗黑色或腹黄橄榄色，在各腹盾上，有浅红棕色污斑。

▶云南闭壳龟与普通乌龟最大的不同是其头、四肢都可缩入壳中，龟壳可完全封闭

## 闭壳龟是如何灭绝的?

云南闭壳龟发现于 1906 年,除 1906 年及 1946 年在昆明及东川采到标本外,之后的 40 多年中都未曾发现其身影。在 2004 年后,曾发现了一雌一雄两只活体,目前已生育了三只后代。在 2009 年,云南科考时发现了三雌一雄成体,之后在人工养殖下繁育了下一代。由于目前数量极为稀少,1996 年的《中国物种红色名录》评估等级中将其评定为功能性灭绝。

## 你知道一生都在热带海域生活的僧海豹吗?

僧海豹,是一种古老而稀有的海豹,是世界上唯一一种一生都在热带海域中生活的海豹。加勒比僧海豹比普通海豹略大,它嘴部短宽,额部高而圆突。僧海豹脸上长着又黑又密的胡须,两只黑眼睛又大又亮。由于头部很圆,密被短毛,状如僧头,因此得名。它们没有外耳,但是有很好的听觉能力。体黑棕色或栗色,腹面稍淡,无斑纹。

▶人们曾在夏威夷看到的僧海豹的身影

## 僧海豹是怎么灭绝的？

僧海豹很聪明，对新鲜事物充满了好奇。它们对人类很友好，当它们遇到在附近游泳的人时，就会好奇地游到人的面前，直愣愣地盯着人的脸看上一阵，然后悠然自得地游开。然而人类却没有这份好奇与善良，在人类来到僧海豹的栖息地之后，僧海豹就迎来了末日。

历史上，僧海豹曾一度在加勒比海和地中海大量地繁殖，其最早被发现是在 1494 年哥伦布第二次航海期间，数量最多时曾超过 25 万只。到了 19 世纪，随着西班牙、英国、法国、丹麦、美国等欧美国家实力的增强，为了占有更多的殖民地，越来越多的人来到了加勒比海地区。他们不仅食用僧海豹的肉，还垂涎海豹油、海豹皮，在人类的大肆捕杀下，僧海豹数量急剧下降。在 1967 年，加勒比僧海豹首次被列为濒危物种。2008 年，加勒比僧海豹被宣布灭绝。

▶僧海豹喜欢在海滩上休憩。图为母海豹与小海豹在海滩上玩耍

# part 4

# 已灭绝的鸟类

## 最早及最原始的鸟是什么鸟？

▶最早的鸟类——始祖鸟化石骨骼

始祖鸟是最早及最原始的鸟类，名字是古希腊文的"古代羽毛"或"古代翅膀"的意思，故又名古翼鸟。

始祖鸟的大小、体态与现今喜鹊极为相似，它们有着末端圆形的翅膀，并有比身长的尾巴。始祖鸟可以成长至 0.5 米长，它的羽毛与现今鸟类羽毛在结构上相似，但其飞翔能力比现今鸟类要差很多，据推测也只能和现代野鸡相比。除了一些与鸟类相似的特征外，它有着很多兽脚亚目恐龙的特征。不像现今鸟类，始祖鸟有细小的牙齿可以用来捕猎昆虫及其他弱小的无脊椎生物。始祖鸟的脚为三趾长爪，与恐龙极为相似。

由于始祖鸟有着鸟类及恐龙的特征，因此一般被认为是恐龙及鸟类之间的过渡，它可能是第一种由陆地生物转变成鸟类的生物。

## 象鸟是一种什么鸟？

象鸟又叫隆鸟，属于古腭总目，和鸵鸟的关系较近，不能飞，且其胸骨没有龙骨脊。象鸟仅生存于岛国马达加斯加的森林中，为植食性鸟类，森林中的绿色植物可为它提供丰富的食物。

象鸟十分高大，比现在世界第一大鸟——鸵鸟高很多，在 500 多年以前，可称得上世界第一大鸟。象鸟的蛋与它的身体一样，也十分大，相当于 7 个鸵鸟蛋或 200 多只鸡蛋那么重，仅蛋黄就有 9.4 升。

▶ 象鸟体型巨大

## 象鸟灭绝的原因是什么?

象鸟数量本来一直不多。到了 17 世纪,马达加斯加岛的居民数量已增至以前的十几倍,他们加快了开发自然、掠夺自然资源的进度。大片的森林被砍伐,变成了家田,使象鸟无家可归,许多象鸟因此死掉了。1649 年,是当地居民能够捕杀到象鸟的最后一年。自此以后,人类再也没有发现过任何象鸟的足迹。现在,只有马达加斯加部分沙漠地带的象鸟卵碎片才能证明它曾真的存在过。

## 大海雀是一种什么样禽类?

▶大海雀复原图

大海雀是大型游禽,体型粗壮,与企鹅很像。大海雀体长 75 ~ 80 厘米,体重 5 千克。大海雀全身以白黑两色为主,后背为黑色,胸部和腹部为白色,这种保护色使它们在海岸岩石上不易被发现。大海雀脚趾为黑色,脚趾间的蹼为棕色。喙为黑色并有白色横向纹槽,适于捕食鱼类。另外它每只眼睛和喙之间还有一小块白色的羽毛。

## 是人类导致了大海雀的灭绝吗?

在大海雀生存的地区，很早就有捕杀大海雀的历史，但是原始的捕捉方式并没有影响到大海雀物种的灭亡。15世纪开始的小冰期对大海雀的生存产生了一定的威胁，但大海雀最终灭绝还是由于人类任意捕杀和对其栖息地大面积开发所致。19世纪初期，大海雀已遭到人类以获取肉、蛋和羽毛为目的的大量捕杀，此外也有因作为博物馆标本和私人收藏而被杀害的。1844年7月3日，在冰岛附近的火岛上，最后一对大海雀在孵蛋期间被杀死。此后，虽有人声称曾见到过大海雀，但未经证实，大海雀在地球上的生存终止在1844年。

## 你知道瓜达鲁贝美洲大鹰吗?

瓜达鲁贝美洲大鹰保留着祖先的巨大身材，是一种独一无二的鹰类，当地人又称之为瓜达鲁贝大鹰。因为在岛上没有天敌，它们几乎没有进化。它有着鹰一样宽大的翅膀，飞翔的姿势也和大型的猛禽类一样。

▶瓜达鲁贝美洲鹰与现在的秃鹰属同类，但其长相又有些像隼

瓜达鲁贝岛有着熔岩形成的陡峭的山崖及茂密的灌木和松林，有理想的植物层形成，这为瓜达鲁贝美洲大鹰提供了良好的生存空间。瓜达鲁贝美洲大鹰一般吃虫、小鸟或动物卵。它们将巢建在悬崖峭壁上，在人类看来相当危险的地方，却为雏鹰提供了安全的生长之地。

## 瓜达鲁贝美洲大鹰是怎样灭绝的?

1700 年左右,生活在瓜达鲁贝的人们开始放羊。放羊的牧童们都误认为瓜达鲁贝大鹰会像鹫那样袭击山羊群,因为白色耀眼的山羊群从空中看来是显眼的目标。人们开始想尽一切办法对付瓜达鲁贝美洲大鹰,从猎枪到毒饵,想把瓜达鲁贝美洲大鹰全部消灭掉。

1900 年,地球上仅存最后一群瓜达鲁贝美洲大鹰了。目击鹰群的人是一位男性收藏家,他说道:"1900 年 12 月 1 日下午,一群瓜达鲁贝美洲大鹰向这边飞来。11 只鹰中,有九只被留了下来!"留下来就是被击落了,另外两只瓜达鲁贝美洲大鹰命运如何,没有人知道。自此之后,再也没有任何人看到过它们的身影。

## 你听说过旅鸽吗?

旅鸽曾经是世界上最常见的一种鸟类,为中型鸽类。形似斑鸠,翅尖,尾羽扇形,较长,可占体长的 1/2。旅鸽体长 32 ~ 40 厘米,重 250 ~ 340 克;双翅展开达 65 厘米。头部和上体主要为蓝灰色,2 枚尾羽褐灰色,其余尾羽白色,翅膀褐灰色并带有不规则的黑色斑块。背上部蓝灰色,胸部暗红,有大白斑点。喉部白色,嘴黑色,腿、脚红色。

旅鸽曾经是生活在美国和加拿大南部最为庞大的群栖性鸟类,每群可达 1 亿只以上。旅鸽栖息于森林中。它们结群营巢于树上,巢用细枝构成。主要食用浆果、坚果、种子和无脊椎动物。

旅鸽雌雄共同孵卵,每窝产卵 1 枚,孵化期约 13 天。雏鸟第一周食双亲分泌出的鸽乳。旅鸽寿命可达 30 年。

▶旅鸽与现代鸽子的食性相差无几

## 旅鸽是如何灭绝的？

欧洲人踏上北美大陆前，那里有 50 多亿只旅鸽，它们终年无忧无虑地生活着，每到迁徙的季节，成千上万遮天蔽日。可是欧洲人到那里之后，由于旅鸽肉味鲜美，开始遭到他们大规模的围猎。从此，旅鸽也就一步步走向了灭绝。在不到 100 年的时间里，旅鸽从几十亿猛减到濒临灭绝。

到了 19 世纪 70 年代，美国的国内战争结束后，鸟类学者已经很难发现大片的旅鸽群了。进入 19 世纪 90 年代以后，旅鸽的野外记录几乎没有。1900 年，最后的野生旅鸽在俄亥俄州被一名 14 岁的男孩射杀。1914 年 9 月 1 日下午，最后一只人工饲养的叫"玛莎"的雌性旅鸽在美国辛辛那提动物园中死掉，旅鸽从此灭绝了。

## 什么是夏威夷暗鸫?

夏威夷暗鸫原住于夏威夷的考艾岛，是夏威夷考爱岛暗鸫及褐背孤鸫的近亲。这是一种体型较小的鸟类，雄鸟及雌鸟外观相似，上身呈深褐色，下身呈灰色，双脚黑色。

鸫是比椋鸟稍大一些的鸣禽，为著名的食虫鸟类，它们虽也吃一些浆果和植物种子，但主要以昆虫为食。夏威夷暗鸫亦是如此，它们在峡谷密林中出没，往往会停留在灌木丛和低矮的乔木上寻找食物。

▶ 灌木丛是夏威夷暗鸫寻找食物的场所，可随着人类的不断开发，这种灌木丛越来越少了

夏威夷暗鸫现已灭绝，具体灭绝时间没有详细记载。在 1800 年时，它们还是考艾岛最普遍的鸟类，它们的身影在岛上随处可见。但人类清除林地及蚊子带来的疟疾原虫使它们数量大量减少，加上野猪及大家鼠等外来物种的入侵，引发了它们的生存危机。

## 你知道夏威夷乌鸦吗？

夏威夷乌鸦与其他乌鸦相同，通体黑色，嘴、腿及脚也是黑色。但体羽除黑色外，还具有紫蓝色金属光泽。

夏威夷乌鸦只生活在夏威夷岛的开阔林地中。它们的食物十分多样，腐肉、动物卵、雏

▶夏威夷乌鸦通体黑色，体毛泛有紫蓝色金属光泽。图为阿拉斯加大嘴乌鸦

鸟，以及其他动物、水果，甚至人类的食物都是它们喜欢吃的食物。夏威夷乌鸦的叫声类似于猫的叫声，它们还可以发出其他的声音。

夏威夷乌鸦一般在树上筑巢，雄鸟和雌鸟一起建造"房屋"，然后共同生儿育女。雌鸟通常一次产五枚卵,雄鸟与雌鸟都参与孵化。

## 夏威夷乌鸦已经野外灭绝了吗？

夏威夷乌鸦的灭绝原因目前没有完全清楚，栖息地的改变、人们的猎杀、引进来的天敌（包括老鼠和印度猫鼬）、禽疟和外来蚊子带来的病菌等，导致了夏威夷乌鸦的数量急剧下降。最后两只夏威夷乌鸦灭绝于 2002 年，现在的保护状况为"野外灭绝"。当地还有一些被圈养的夏威夷乌鸦，但是由于其剩余数量过少，该物种被认为已无法重新恢复。

## 你知道乐园鹦鹉吗？

▶ 乐园鹦鹉

乐园鹦鹉也叫天堂长尾鹦鹉，是一种色彩丰富、中等身形的鹦鹉，为典型的攀禽，鸟喙强劲有力，喙钩曲，上颌具有可活动关节。

乐园鹦鹉脚短、强大，对趾型，两趾向前两趾向后，适合抓握和攀援生活。体长 25 厘米。尾巴差不多与身体一样长。

乐园鹦鹉羽毛颜色很丰富，包括有土耳其玉色、水色、绯红色、黑色及褐色。雄鸟头冠为红色，颈背棕色及黑色，下体红棕色，腹部两侧和腿绿蓝色，上尾上覆羽翠绿色，脸和腹部翠绿色，下覆羽和腹部的中心及尾部红色，小翼覆羽的中外侧红色，尾巴呈现为青铜或绿蓝色或白色，鸟喙灰白色。雌鸟的羽色较雄鸟深，呈暗色。雌鸟额头和眼部周围黄棕色，冠和后颈黑棕色，脸和胸部橙色、棕色、棕褐色或黄色，腹部和下尾上覆羽淡蓝色，腹部中心红色。

## 乐园鹦鹉是如何灭绝的？

乐园鹦鹉的数量突然骤减的原因仍然不明，可能包括过度放牧、土地破坏、狩猎及被入侵物种掠食。在 19 世纪末，它们已变得很稀少。由于所居住的森林遭到掠夺式的开发，捕捉贩售乐园鹦鹉一直没有间断，加上在塔斯马尼亚岛的族群常因食用农作物而遭农民捕杀，虽然有当地政府的法律保护，但乐园鹦鹉的数量日渐稀少。1915 年乐园鹦鹉被确认灭绝。

## 尖嘴垂耳鸦有哪几个特点？

尖嘴垂耳鸦为"一夫一妻"制。其繁殖季节为早夏，它们会建筑一个茶托形的窝，每次产卵 2 ~ 4 枚。尖嘴垂耳鸦的飞行能力较差，主要依赖行走。通常是边走边发出尖叫，以确保其他同类伙伴能够跟上。

垂耳鸦的主要食物包括昆虫、虫蛹、蜘蛛和小浆果。由于鸟喙结构的不同，雌鸟和雄鸟的觅食方式存在很大的不同。雄鸟主要靠它的硬喙啄开树木的表层木质以取得食物，而雌鸟则是使用长喙触及树木较深的内部以获得食物，如藏在树木中的虫蛹等。

## 雌雄尖嘴垂耳鸦的喙有很大不同吗？

▶ 垂耳鸦

尖嘴垂耳鸦，又名北岛垂耳鸦，是一种产于新西兰的特有鸟。尖嘴垂耳鸦的两翼呈蓝黑色，颌骨和下腭之间的肉坠呈亮橙色，尾羽末端呈白色，全身羽毛呈黑色。尖嘴垂耳鸦最大的特点是雌雄个体的喙构造有很大不同，雄鸟的喙短而直，在 6 厘米左右，雌鸟的喙长而弯，在 10 厘米左右，这在已知鸟类中是独一无二的。

## 尖嘴垂耳鸦是如何灭绝的？

新西兰土著毛利人的首领喜欢佩戴垂耳鸦带有白边的黑色尾翎，用以显示自己的地位，毛利人也将其视为宝贵的财富。在殖民者入侵后，这种羽毛后来成为新西兰白人女性象征社会地位的饰物。因此，垂耳鸦长期受到捕捉。根据记录，在 1888 年，曾有一支 11 人的队伍，在玛纳瓦图峡谷和阿基修之间的森林中获得了 646 张垂耳鸦的外皮。

▶蝴蝶是垂耳鸦的主要食物之一

对于尖嘴垂耳鸦的灭绝，有观点认为这种鸟类在欧洲殖民者到达之前就已经灭亡。但多数观点，包括较为权威的世界自然保护联盟发布的濒危物种红色名录中，明确表示尖嘴垂耳鸦灭绝于 1907 年。

# part 5

# 已经灭绝的水生生物

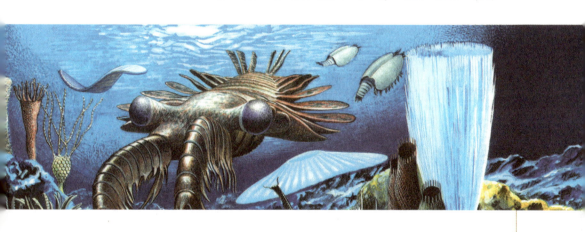

## 奇虾是寒武纪最庞大的动物吗?

奇虾与现代虾外形相似,但体型十分庞大

5.3 亿年前的海洋中,最凶猛的捕食者莫过于奇虾了。这是一种攻击能力很强的食肉动物,它的个体最大可达 2 米以上,是已知最庞大的寒武纪海洋动物,而当时其他大多数动物平均只有几毫米到几厘米。

这个"庞然大物"身体两侧长有裂片状的翼,外形类似现代的虾,两根触角上布满倒钩,嘴部由甲壳构成。它有一对带柄的大眼球,一对分节的用于快速捕捉猎物的巨型前肢,以及美丽的大尾扇和一对长长的尾叉。

这种动物有十几排牙齿,25 厘米直径的巨口可掠食当时任何的大型生物,口中环状排列的外齿,对那些有外甲保护的动物构成了重大威胁。

## 奇虾灭绝的原因是什么?

在当时的海洋中,奇虾称得上是海洋中的"巨无霸",处在食物链的顶端,能够轻而易举地猎获足够的食物,没有其他生物可以威胁它的生存,但最终还是灭绝了。其灭绝原因还有待进一步研究,但科学家们普遍推测,它是在 4 亿 4 千万年前,因为海洋甲烷大规模喷发而永远地从地球上消失了。

## 奇虾爱吃软的东西吗？

奇虾是一类已经灭绝的大型无脊椎动物，是一种在中国、美国、加拿大、波兰及澳大利亚的寒武纪沉积岩均有发现的古生物。

研究发现，奇虾的捕食肢能弯曲，腿能在海底行走，但它并不善于行走，可以在水中快速游泳。科学家在奇虾粪便化石中发现小型带壳动物的残体，这说明它是寒武纪海洋中的食肉动物。经过对其化石的研究分析，古生物学家们发现奇虾主要吃软的东西，像是泥里的虫类、水中漂浮的软质微生物等，三叶虫也可能是它喜爱的美食。

▶奇虾有便于捕食的巨型前肢，三叶虫沦为它的食物

▶三叶虫化石

## 三叶虫是一种什么样的生物?

三叶虫是最有代表性的远古动物,在距今 5.6 亿年前的寒武纪就已出现。这一物种生命力极强,前后在地球上生存了 3.2 亿多年,至 2.4 亿年前的二叠纪完全灭绝。

一般所采到的三叶虫化石都有背壳。从背部看,三叶虫为卵形或椭圆形,成虫的长为 3 ~ 10 厘米,宽为 1 ~ 3 厘米,小型的 6 毫米以下。从结构上可分为头甲、胸甲和尾甲三部分。三叶虫体外包有一层外壳,坚硬的外壳为背壳及其向腹面延伸的腹部边缘,壳面光滑。三叶虫背壳的中间部分称为轴部或中轴,左、右两侧称为肋叶或肋部。肋部分节,有肋沟和间肋沟。伴随着环境的不断变化,奥陶纪到泥盆纪末的一些三叶虫还进化出了非常巧妙的似脊椎结构,这种似脊椎结构可能是对于鱼的出现的一种抵抗反应。

多数三叶虫有眼睛,典型的三叶虫眼睛是复眼。它们还有可能用来作味觉和嗅觉器官的触角,触须可达 20 ~ 30 厘米。

# 三叶虫有什么特性？

三叶虫与珊瑚、海百合、腕足动物、头足动物等动物共生。大多适应于浅海底栖爬行或以半游泳生活，还有一些在远洋中游泳或远洋中漂浮生活。

三叶虫的生活习性是多种多样的，化石中最多的一类是保存在石灰岩或页岩中，可见当时它们大多生活在浅海底或游移于淤泥之上。它们有的稍能游泳，有的随水漂流。

志留纪中期的齿虫类，整个身体几乎被密密的长刺包围，这些长刺对于它们在水里游泳来说是一种强有力的推进器，因此可以推测它们是游泳的能手；同时，这些长刺也是抵御天敌的有效武器。

奥陶纪的某些三叶虫，如宝石虫等还发展了卷曲的能力，它们的头部和尾部可以完全紧接在一起，仅将背部的硬壳暴露在外；它们还可以钻进淤泥以保护其柔软的腹部器官。这样，除了可以防御敌人，还可以像尺蠖那样以伸曲的方式推动身体前进。

▶从三叶虫化石中可清楚地看到它身体上的密密长刺

## 三叶虫是怎样灭绝的？

三叶虫灭绝的具体原因不明，但是志留纪和泥盆纪时期两腭类强大，伴随着鲨鱼和其他早期鱼类的出现，三叶虫的数量不断减少，三叶虫可能成了这些新生动物的食物。此外到二叠纪后期时三叶虫的数量和种类已经相当少了，这无疑为它们的灭绝埋下了隐患。

## 巨齿鲨是一种软骨鱼类吗？

巨齿鲨是软骨鱼类，大自然中一般骨骼部位很难留下化石，所以截至 2013 年只找到它的一些像手掌一样大的三角形牙齿化石和几块脊椎的化石，一般为 13 ~ 17 厘米长，是现在大白鲨牙齿的好几倍。距离现代越近，牙齿构造与现代大白鲨越相似。

巨齿鲨身体强壮，呈流线型，根据其骨骼化石，科学家推算出这种大鲨鱼约长 13 米，体重大约有 20 吨，张开时嘴部直径可达 1.7 ~ 2.2 米。

▶巨齿鲨的牙齿是现在大白鲨牙齿的好几倍大。图为凶猛的大白鲨

## "海中巨无霸" 巨齿鲨是怎样灭绝的?

巨齿鲨在当时处在食物链的顶端,这一"海中巨无霸"为什么会灭绝呢?科学家们根据化石研究推测,巨齿鲨大约在 150 万年前灭绝,当时地球的水循环出现了变化,上升流减少。由于食物缺乏,大量的鲸死亡了,多样化的鲸品种变少,巨齿鲨找不到足够的食物,渐渐灭绝了。

▶史德拉海牛比现在的普通海牛要大许多。图为在海底觅食的海牛

## 你听说过史德拉海牛吗？

史德拉海牛是以 1741 年发现这种动物的德国博物学家的名字命名的。史德拉海牛体形巨大，体重可达 4 吨，身长在 7.9 米左右，其皮厚 3 厘米。史德拉海牛在 1000 万年前就已经出现，生活在白令海峡、北冰洋水域。

史德拉海牛以岩岸边生长的多种大型海藻为食，仅取食柔软的部分。据说每次史德拉海牛吃了海带以后，海带的茎和根就会被冲到岸上。进食时，它们只将部分身躯埋入水中，估计觅食深度不超过 1 米深。往往集体进食，幼兽会被围在群体中央保护。

史德拉海牛的天敌主要有虎鲸、大型鲨鱼等大型海洋食肉动物。根据对海牛的群体观察记录，科学家认为史德拉海牛很可能是"一夫一妻"制，配偶关系可能会维持相当长的时间。史德拉海牛多在早春时交配，怀孕期在 12 个月以上，秋季是分娩的高峰期，其他季节亦可生产。

## 史德拉海牛灭绝的原因是什么？

由于史德拉海牛不畏惧人类，加上活动范围接近岸边，行动缓慢，很容易被捕捉，因此它们在很长的一段时期内成为海员们口中的美食。加之体型巨大，本来数量就不多的史德拉海牛，在被发现不久后的 1768 年便被人类杀绝了。

> 白鳍豚

# 你知道水中"熊猫"白鳍豚吗?

白鳍豚又名白暨豚,俗称白鳍、白夹、江马。其体形呈纺锤形,身长 2 ~ 2.5 米,体重可达 200 千克以上。嘴部又长又细,全身皮肤裸露无毛,背呈浅灰色或蓝色,腹面为纯白色,背鳍形如一个小三角,胸鳍宛如两只手掌,尾鳍扁平。白鳍豚善于游泳,时速可达 80 千米左右。由于长期生活在浑浊的江水中,白鳍豚的视听器官已经退化。它眼小如笔尖,耳孔似针眼,位于双眼后下方。但大脑特别发达,声呐系统极为灵敏,头部还有一种超声波功能,能将江面上几万米范围内的声响迅速传入脑中。一旦遇上紧急情况,便立刻潜水躲避。新生幼体体色略深,成年白鳍豚一般背面呈浅青灰色,腹面呈洁白色。当人们由水面向下看白鳍豚时,其背部的青灰色和江水混为一体。

# 白鳍豚有什么特点呢？

白鳍豚属鲸类淡水豚类，为我国特有珍稀水生哺乳动物，有"水中熊猫"之称，它是研究鲸类进化的珍贵"活化石"，对仿生学、生理学、动物学和军事科学等都有很重要的科学研究价值。

白鳍豚主要生活在长江中下游及与其连通的洞庭湖、鄱阳湖、钱塘江等水域中，通常成对或 10 余头在一起，喜在水深流急处活动。

白鳍豚喜欢群居，尤其在春天交配季节，集群行为就更明显。每群一般 2 ~ 16 头。其活动范围广，但对水温条件要求较高，经常在一个固定区域停留一段时间，待水温条件发生改变后，又迁入另一地域。它以鱼类为食，有时也吃少量的水生植物和昆虫。它的上下颌长有 130 多枚圆锥形的同型齿，可它却懒得咀嚼，只管张口吞下鱼食，消化能力很强。

白鳍豚性情温顺，但生性胆小，因此很少靠近岸边和船只，人们很少有机会看到它，只有在它露出水面呼吸时才能看到。

白鳍豚是用肺呼吸的水生哺乳动物，每次呼吸时，头顶及呼吸孔先浮出水面，接着露出背部和三角形的背鳍，出水呼吸时间 1 ~ 2 秒钟，潜水时间每次约 20 秒，长潜时可达 200 秒。白鳍豚为恒温动物，体温通常在 36℃左右。

▶白鳍豚与海豚的外形极为相似，但是其吻部更为细长。图为海豚

## 白鳍豚是何时灭绝的？

历史上白鳍豚曾经广泛分布于长江流域，但是长期以来受到人类活动的影响，其种群数量和分布区域逐渐缩小。今天的长江流域居住着3亿多的人口，相当于全世界5%，他们的江畔活动形成了白鳍豚数量下降的第一大原因。20世纪人们所收集到的白鳍豚标本中，有92%都是来自人为缘故所造成的死亡。自从1996年起，白鳍豚就被列入极度濒危物种名录，在2002年时，白鳍豚已经不足50头。2006年，在白鳍豚的栖息地——长江，对淡水豚类进行了一次考察，最终无功而返。2007年8月8日，英国《皇家协会生物信笺》期刊内发表报告，正式公布白鳍豚功能性灭绝。

## 日本海狮是一种怎样的海狮？

日本海狮与其他海狮外形、大小相似，雄性海狮呈深灰色，重450～560千克，长2.3～2.5米，比雄性的加州海狮大。雌性日本海狮明显细小，只有1.64米长，身体颜色较浅。

日本海狮栖息在日本海，尤其是在日本列岛及朝鲜半岛的近岸地区。它们一般会在开放及平坦的沙滩上，甚至有时亦会在岩石上繁殖。在岩地较少的岸边，它们会选择在山洞中繁殖。

海狮的听觉、嗅觉特别好。与其他海狮一样，日本海狮主要以各种水生动物为食。

## 日本海狮是如何灭绝的？

18世纪日本的百科全书《和汉三才图会》中记载，日本海狮的肉质并不可口，但它们的油脂可用来点灯，内脏可以制成名贵的药材，而毛皮则可制成毛革用品等。全身是宝的日本海狮成为人类的猎杀对象，1900年，日本渔获纪录中显示有3200只海狮被捕猎，过度的猎杀使

▶日本海狮与其他海狮外形相似。图为北海狮

得日本海狮的数量急剧下降。另外，第二次世界大战的海底战争破坏了它们的栖息环境，最终，日本海狮在1940年左右灭绝。